R. Mani

Catherine LE HELLAYE

Dominique BARZOTTI

Farandole 2

Cahier d'activités

Dessins : Claire LHERMEY

HATIER / Didier

ISBN 2-278-04277-7

Imprimé en France

Unité 1

Activité n° 1

Écoute bien. Écris dans le carré le numéro du dialogue qui correspond au dessin.

Activité n° 2

Écoute bien,
puis dessine en bleu
le parcours du garçon.
Ensuite, dessine en vert
le parcours de la fille.
Attention : le garçon part
d'Orléans et la fille part de
Paris.

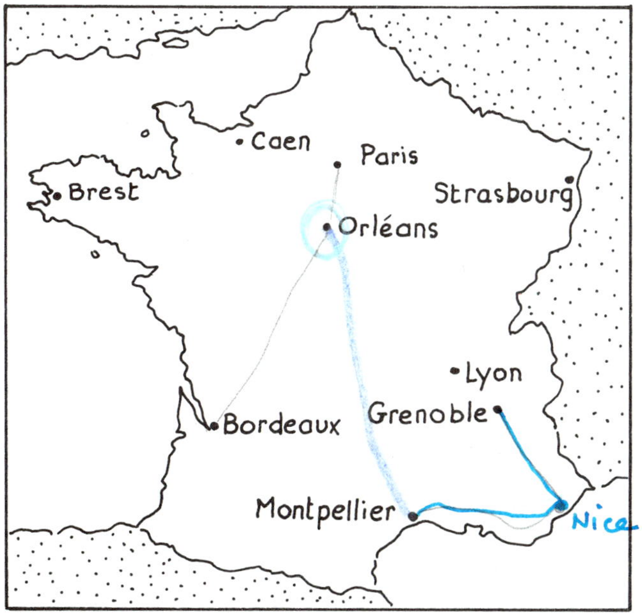

Unité 1

Activité n° 3 Observe les dessins et écris à l'endroit qui convient :

- tu as passé - je passe - tu ne pars pas - je vais -
- je suis allée - je reste - je suis restée - tu n'es pas partie -

Unité 1

Activité n° 4 Observe bien les dessins, lis le texte. Qu'est-ce qu'ils disent ?

Activité n° 5  Écoute bien. Lis les phrases et réponds aux questions.

- Est-ce que, dans ton pays, il y a des gens qui parlent français ?

  ❐ oui ❐ non

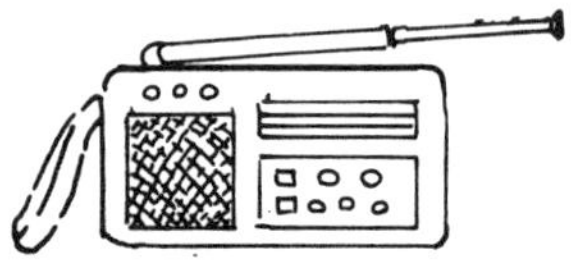

- Est-ce que dans ton pays, on parle français

  à la radio ?

  ❐ oui ❐ non

  à la télévision ?

  ❐ oui ❐ non

  à l'école ?

  ❐ oui ❐ non

- Est-ce qu'il y a des journaux de ton pays qui sont écrits en français ?

  ❐ oui ❐ non

- Connais-tu des pays où on parle français ? (Cherche sur la carte du livre, pages 4 et 5).

____

____

____

Unité 2

Activité n° 1

Écoute bien et écris dans les ronds les numéros des phrases qui correspondent aux dessins.

Activité n° 2

Écoute bien puis complète le dessin.

Unité 2

Activité n° 3 Écoute bien et lis le texte. Puis colorie les dessins qui correspondent au texte.

C'est la récréation. Cécile est à côté de Thui. Elles jouent aux billes ensemble. Romain lit la lettre de son copain de Paris. Madame Brunet regarde Mourad et Pierre qui jouent au ballon.

Unité 2

Activité n° 4 Lis les phrases et regarde les dessins. Puis écris dans les ronds les numéros des phrases qui correspondent aux dessins.

1. Il écrit l'adresse sur l'enveloppe.
2. Alain écrit une lettre à son copain de Paris.
3. Il colle le timbre sur l'enveloppe.
4. Il met la lettre dans l'enveloppe.

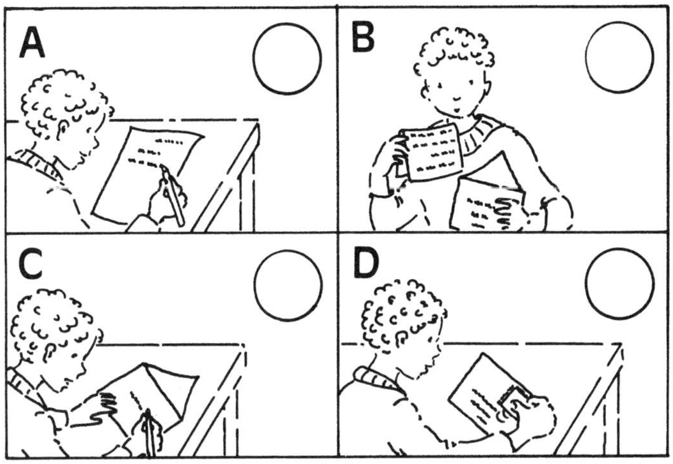

Activité n° 5 Écoute bien et lis les phrases. Puis écris la lettre de Barbara à sa copine de Paris. Tu peux découper les étiquettes dans le mini-fichier page 13.

Je suis très contente de t'écrire.

Réponds-moi vite, j'attends ta lettre.
À bientôt.

Je m'appelle Barbara, j'ai 9 ans.

Et toi, est-ce que tu as des frères et des sœurs ?

J'ai un frère, il a 11 ans.

Unité 2

Activité n° 6 Attention, deux textes sont mélangés. Lis les phrases suivantes puis entoure les phrases de la lettre que Cécile écrit à sa copine.

Orléans, le 25 septembre.

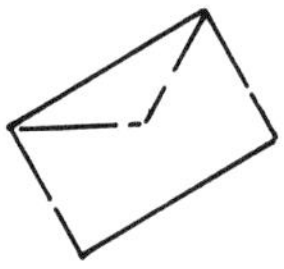

Enfin, ils écrivent l'adresse sur l'enveloppe.

Chère amie,

Ils mettent la lettre dans l'enveloppe.

Comment vas-tu ?

Puis ils collent le timbre.

Moi, ça va.

Je t'écris pour te demander quand tu dois venir à Orléans.

Réponds-moi vite.

Les enfants écrivent une lettre à leurs amis.

À bientôt,

Cécile

Activité n° 7 Lis les phrases suivantes et entoure celle qui convient (ou celles qui conviennent).

Le petit garçon ne peut pas écrire au Père Noël parce que le Père Noël est en vacances.

Le petit garçon ne peut pas écrire au Père Noël parce qu'il faut attendre le mois de décembre.

Le petit garçon ne peut pas écrire au Père Noël parce qu'il n'a pas de feuille. Il n'a pas de stylo non plus.

Unité 3

Activité n° 1 Lance les dés. Quand tu as  ou  ou  , etc., tu entoures un mot dans la grille. Le premier joueur qui a entouré dix mots a gagné. Exemples : mon, on.

↓ →

V	A	C	A	N	C	E	S	F	A	M	I	L	L	E
O	N	O	M	A	U	Y	A	F	R	E	R	E	U	X
I	D	P	P	L	I	G	L	P	E	R	E	A	N	E
T	O	I	H	E	S	M	O	N	T	A	G	N	E	M
U	F	N	O	T	I	L	N	S	A	V	O	I	R	P
R	U	E	T	T	N	U	E	C	H	E	Z	M	A	L
E	S	T	O	R	E	I	Z	L	E	U	R	A	O	E
S	A	L	L	E	D	E	B	A	I	N	S	L	N	E

Activité n° 2  Écoute bien. Lis les phrases et regarde le dessin. Ensuite, entoure les phrases qui correspondent au dessin.

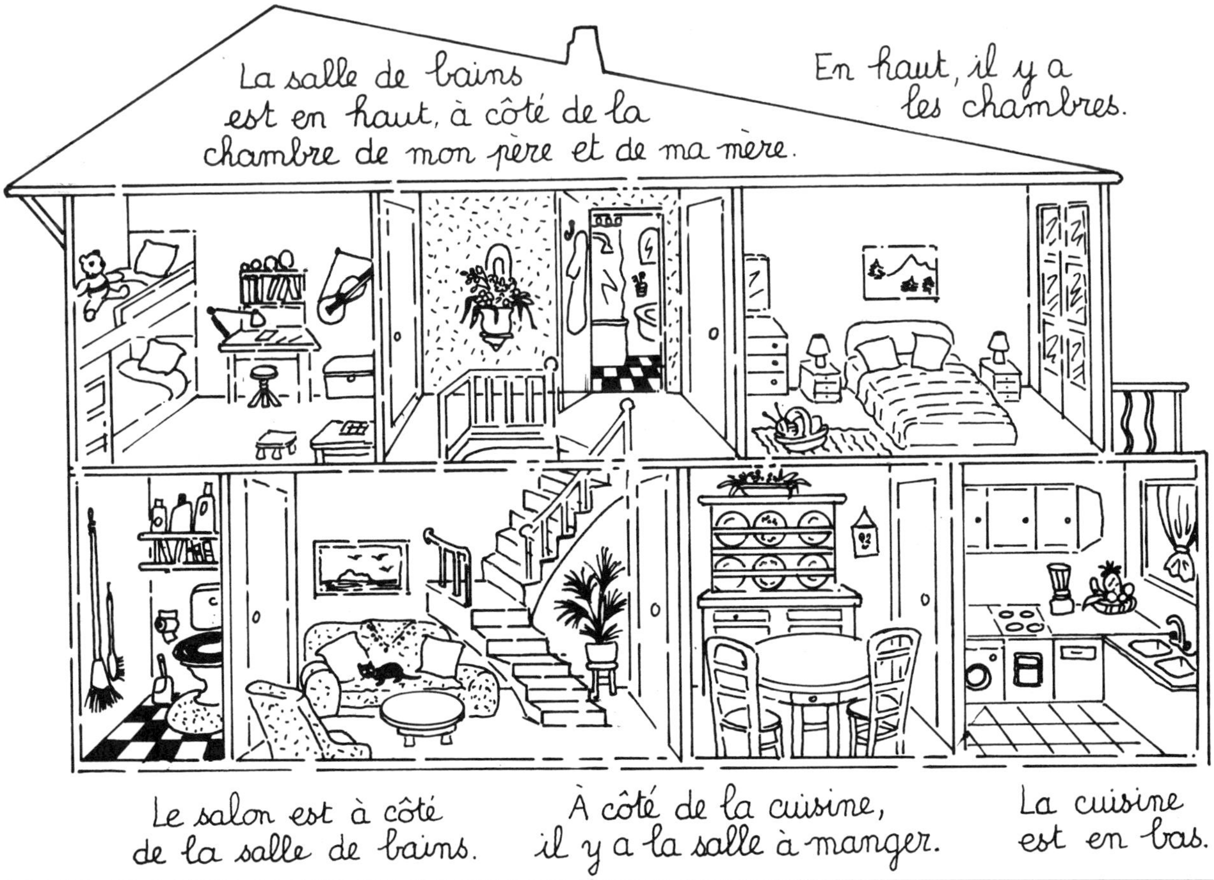

Activité n° 3 

A. Écoute bien. Dans les carrés, écris les numéros des phrases qui correspondent aux dessins.

B. Ensuite, découpe les étiquettes (mini-fichier, page 13). Écoute encore la cassette. Colle ces étiquettes sous les dessins correspondants.

Activité n° 4 Lis les phrases et relie celles qui disent presque la même chose, comme dans l'exemple.

Ici, c'est ma chambre Voilà mon lit.		À la maison, nous mangeons dans la cuisine.
Ils ont un chien. Il s'appelle Prince		Regarde, voilà ma chambre. Elle est petite, mais je l'aime bien.
Chez moi, le matin, on mange toujours dans la cuisine.		Il a une grande maison.
C'est grand chez lui.		Voilà leur chien. Il s'appelle Prince.

Unité 3

Activité n° 5 Dessine le plan de la maison de tes rêves. N'oublie pas d'écrire où se trouvent la chambre, la cuisine, etc.

Unité 3

Activité n° 6 

Écoute bien. Observe les dessins et relie-les aux phrases correspondantes.

1. Nous sommes dans la cuisine. •
2. Voici la chambre de mon petit frère. •
3. Le soir, nous mangeons dans la salle à manger. •
4. Nous jouons dans le salon. •
5. C'est moi. Je me brosse les dents dans la salle de bains. •

Activité n° 7

Écris une ou plusieurs lettres secrètes. Fais des expériences pour les lire et complète le tableau.

	 De l'eau de riz.	 Du jus de citron.	 Du lait.
 Une bougie.			
 Un fer à repasser.			
 De l'alcool iodé.			

Unité 4

Activité n° 1 Écoute bien et colorie ce que chaque enfant préfère.

Activité n° 2 Écoute bien et écris dans les ronds les numéros des phrases qui correspondent aux dessins.

Unité 4

Activité n° 3 

Écoute bien puis dessine ce que Cécile va manger aujourd'hui pour le déjeuner.

Activité n° 4

Lis les phrases et complète-les avec les mots suivants : **petit déjeuner - déjeuner - goûter - dîner**.
Puis écris sous les dessins les numéros des phrases qui leur correspondent.

1 Après l'école, Pierre rentre à la maison. Il mange du pain et du chocolat. Il boit du lait. C'est son __________ préféré.

2 Il est midi. C'est l'heure du __________. Pierre mange à l'école avec ses copains.

3 Aujourd'hui pour le __________, il y a de la soupe. Pierre n'est pas content car il n'aime pas beaucoup ça.

4 C'est le matin. Pierre se lève. Sa mère a déjà préparé le __________ .

Unité 4

Activité n° 5 Cherche tous les noms de fruits qui sont cachés dans cette grille. Entoure-les en rouge. Puis entoure en bleu le nom de tout ce qui se mange ou de tout ce qui se boit.

C	E	R	I	S	E	P
H	O	P	L	E	R	O
O	R	A	A	A	I	M
C	A	I	I	U	Z	M
O	N	N	T	S	S	E
L	G	P	O	I	R	E
A	E	C	R	E	P	E
T	B	A	N	A	N	E

Dessine tout ce que tu peux manger.

Dessine tout ce que tu peux boire.

Activité n° 6 Voici une recette de salade de fruits. Les phrases sont mélangées. Écris sous les dessins les numéros des phrases correspondantes.

1. D'abord, on épluche les fruits.
2. Puis on ajoute du sucre et on mélange bien le tout.
3. Ensuite on les coupe en morceaux.
4. Pour faire une salade de fruits, il faut des fruits et du sucre.

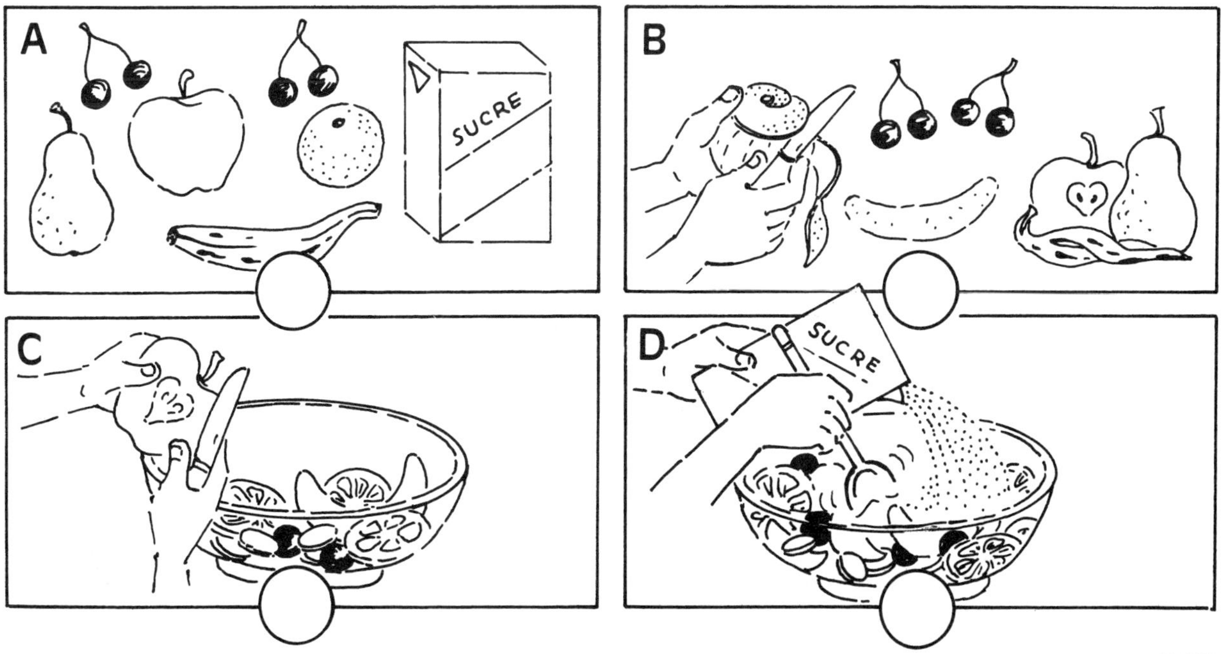

Unité 4

Activité n° 7 Complète la grille.

1. On peut la mettre sur des tartines.
2. C'est un fruit. C'est aussi le nom d'une couleur.
3. Ils sont de toutes les couleurs. Les enfants les adorent.
4. Elle est ronde. On la mange avec du sucre ou de la confiture.
5. On le mange toujours à la fin du repas.
6. Il y a souvent du sucre, du lait, de la farine et des œufs dedans.
7. C'est marron. On peut le manger ou le boire.
8. C'est un fruit qui est jaune. Il faut l'éplucher avant de le manger.
9. Il y en a très souvent dans les desserts. C'est blanc.
10. Souvent on l'épluche ou on le lave avant de le manger.
11. On la mange en premier au déjeuner ou au dîner.

Unité 5

Activité n° 1

Observe les dessins. Écoute bien et lis les phrases.
Relie les dessins aux phrases correspondantes.

- Boucle d'Or se promène.
- La fillette se couche.
- Boucle d'Or se lave.
- Elle se réveille.
- La petite fille se sauve.
- Elle s'endort.
- Elle se lave les dents.

Activité n° 2

Écoute bien et lis les phrases. Puis, entoure de la même couleur les phrases qui se ressemblent.

Il y a quelqu'un dans mon lit !

Quelqu'un dort dans mon lit !

Tu veux jouer avec moi ?

Quelqu'un s'est couché dans mon lit !

Ne pars pas, nous sommes gentils.

Est-ce qu'on peut jouer ensemble ?

Tu ne veux pas rester avec nous ?

Et si on jouait, tous les deux ?

Dis, tu veux bien rester ? Nous ne sommes pas méchants.

Unité 5

Activité n° 3 Écoute bien et lis les étiquettes (mini-fichier page 15).
Colle-les dans le dessin qui convient.

Unité 5

Activité n° 4 A. Écoute bien. Colle les étiquettes (mini-fichier, page 15) dans le même ordre que l'histoire enregistrée.

B. Raconte l'histoire.

Activité n° 5 Que dit la mère du petit ours ? Écris à l'endroit qui convient.

Unité 5

Activité n° 6 A. Classe les noms de pays. (Regarde le livre page 27 : le jeu de l'oie)

Dans le jeu de l'oie, il y a

l'	la	le	les
______	______	______	______
______	______	______	______
______	______	______	______

B. Où peut-on aller en voyage ? (Observe la page 26 du livre)

On peut aller

au	aux
______	______
______	______
______	______

en

______
______
______

C. Relie les mots qui vont avec les mêmes noms de pays, comme dans l'exemple :

l' •	
la •	• au
le •	• aux
les •	• en

D. Peux-tu aider Cécile ? Écris les mots qui manquent.

Unité 6

Activité n° 1 Écoute bien la chanson *Bons baisers de Fort-de-France* et choisis les dessins qui conviennent : fais une croix à côté. Ensuite, tu pourras les colorier.

Unité 6

Activité n° 2 Écoute à nouveau la chanson *Bons baisers de Fort-de-France*. Lis les questions et entoure ensuite la réponse correcte.

1. Pourquoi le Père Noël n'a-t-il pas de traîneau ?
   a. Parce qu'il aime mieux la moto.
   b. Parce qu'il n'y a pas de neige.
2. Pourquoi n'y a-t-il pas de sapins sur la montagne ?
   a. Parce que les lapins les mangent.
   b. Parce qu'il fait trop chaud.
3. Pourquoi n'y a-t-il pas de cheminée ?
   a. Parce qu'il ne fait jamais froid.
   b. Parce que le Père Noël passe par la fenêtre.
4. Pourquoi n'y a-t-il pas de souliers dans les cheminées ?
   a. Parce qu'il n'y a pas de cheminée.
   b. Parce que les enfants mettent leurs bottes et leurs chaussures sous le sapin.
5. Pourquoi éteint-on la télé le soir de Noël ?
   a. Parce qu'on veut travailler ensemble.
   b. Parce qu'on ne peut pas chanter, parler et regarder la télévision en même temps.

Activité n° 3 A. Écoute bien et écris le petit mot qui manque dans les réponses.
B. Découpe les étiquettes (mini-fichier page 17) et colle-les. Attention ! Place chaque question devant la réponse qui convient.

1. Non, il ne … connaît qu'en photo.
2. Non, elle ne … connaît qu'en photo.
3. Non, ils ne … connaissent qu'en photo.
4. Non, ils ne … connaissent qu'en photo.

Unité 6

Activité n° 4 Lis et découpe les étiquettes (mini-fichier page 17). Remets le texte dans l'ordre.

Activité n° 5 

Écoute bien, lis les questions et réponds.

Est-ce que tu connais la France ?

Connais-tu la tour Eiffel ?

Tu connais les Champs-Élysées ?

Est-ce que tu connais le Père Noël ?

As-tu déja vu les décorations des magasins de Paris à Noël ?

Unité 6

Activité n° 6 Écoute bien. Lis les phrases et barre ce qui est incorrect.

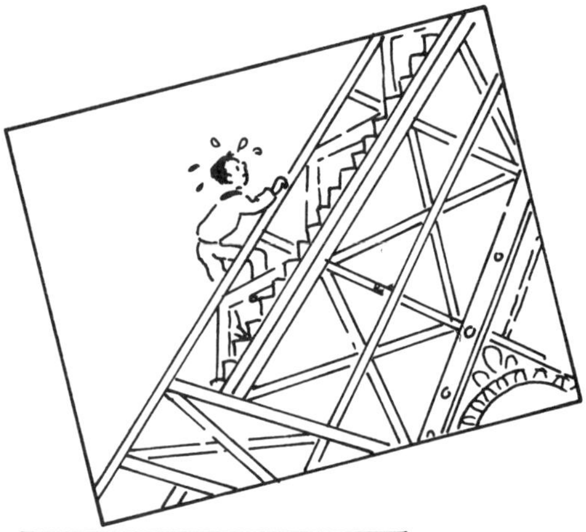

Exemple :
La tour Eiffel mesure ~~15~~ | 320 mètres.

1. Elle est en fer | papier.
2. C'est une tour de trois | cinq étages.
3. Elle a été construite par Gustave | Madame Eiffel.
4. Tout en haut, il y a une antenne de télévision | école.
5. Dans la tour, il y a des magasins | cinémas et des restaurants | boulangeries.

Unité 7

Activité n° 1 Quelle est la fin de l'histoire ? Écoute bien, puis fais une croix dans le dessin qui convient.

1 2 3

Activité n° 2 Écoute bien et observe les dessins. Ensuite, lis et entoure les phrases qui correspondent aux dessins.

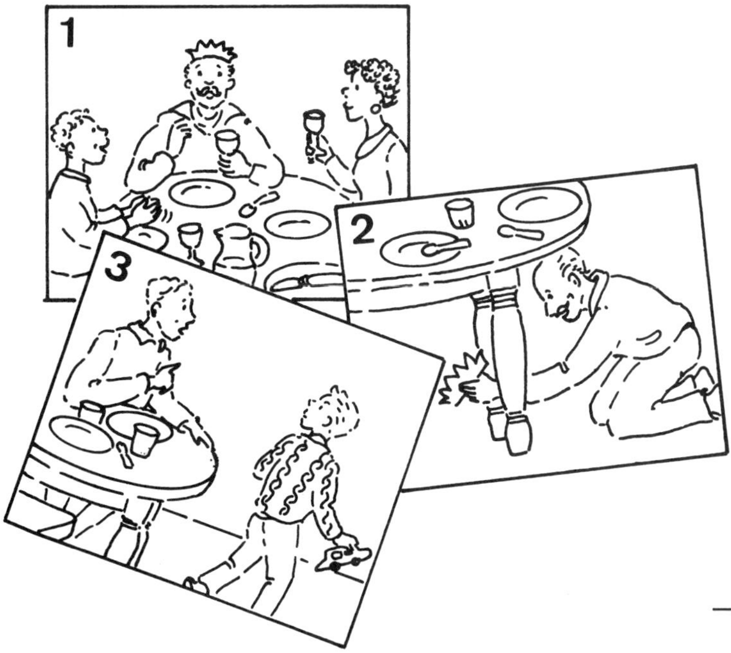

1. Vive le roi !

   Bon anniversaire !

2. Le plus jeune va sous la table.

   Le plus vieux est sous la table.

3. Romain, s'il te plaît, reste assis à table !

   Bonjour mon Romain, ça va bien ?

Activité n° 3

Écoute bien et observe les dessins. Ensuite, écris les mots qui correspondent aux dessins :
le déjeuner - le goûter - le dîner - le petit déjeuner.

Activité n°4

Qui mange ces parts de galette ? Choisis et relie chaque part de gâteau à celui ou à celle qui va la manger. Ensuite, complète les phrases avec des mots de cette liste :
Cécile - sa mère - son père - son frère - grosse - gros - petite - premier.

C'est ________ qui a la plus grosse part.
C'est ________ qui a la plus petite part.
La part de Cécile est plus ________ que la part de son frère.
La part de sa mère est plus ________ que la part de son père.

Unité 7

Activité n° 5 Lis les questions et écris les réponses.

Dans ta classe, qui est le plus grand (ou la plus grande) ?

....

Dans ta classe, qui est le plus petit (ou la plus petite) ?

....

Dans ta classe, quel est l'élève le plus jeune (ou la plus jeune) ?

....

Dans ta classe, quel est le plus vieux (ou la plus vieille) ?

....

Dans ta classe, qui court le plus vite ?

....

Activité n° 6  A. Écris cette phrase. Sépare bien les mots !

Oh ! Machaiseestcassée ! ditlebébéours.

B. Observe le dessin. Écoute bien et fais ce qu'on te dit.

C. Trouve la réponse à ces devinettes : colorie en jaune le dessin qui convient.

a. Elle est plus petite que le père mais elle est plus grande que le fils. Qui est-ce ?

b. Il y a de la soupe dedans. C'est le plus grand des trois. Qu'est-ce que c'est ?

c. On s'assoit dessus. Elle est plus petite que celle du père, mais plus grande que celle du petit ours. Qu'est-ce que c'est ?

Unité 7

Activité n° 7 Observe les dessins, écoute bien et lis les phrases. Écris ensuite dans les bulles les phrases qui conviennent.

- Vive le roi ! Maintenant tu choisis celle qui va être reine.
- Choisis celui qui va danser avec toi.
- On choisit celui qui donne le cadeau à maman.
- Dépêche-toi, choisis celle avec qui tu veux danser.

Unité 8

Activité n° 1 Écoute bien puis écris dans les ronds les numéros des phrases qui correspondent aux dessins.

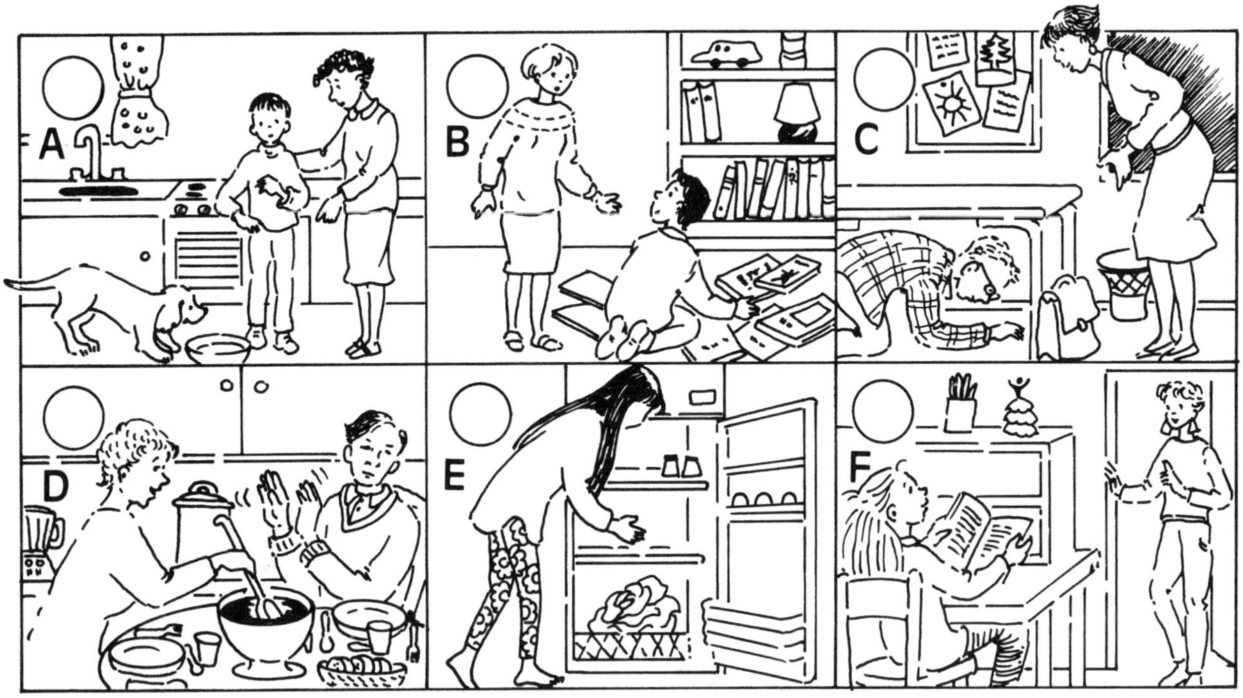

Activité n° 2 Écoute bien et colorie les dessins qui correspondent aux phrases que tu entends.

Unité 8

Activité n° 3  Écoute bien, lis les phrases et regarde le dessin. Puis entoure les phrases qui correspondent au dessin.

1. C'est le printemps. Les oiseaux chantent dans les arbres.
2. Les enfants sont contents, ils jouent dans la neige.
3. Il a beaucoup neigé et les oiseaux cherchent quelque chose à manger.
4. Heureusement, il y a des graines dans la mangeoire.
5. Le chat a faim, lui aussi. Il aimerait bien manger un oiseau.

Activité n° 4 Lis les phrases et trouve les mots qui manquent. Écris ces mots dans la grille à côté des numéros correspondants (ou dessous).

1. Il fait froid. Il neige et le ciel est gris. Il n'y a plus d'œufs dans les nids. C'est l'......
2. Il a quatre pattes, une queue et deux oreilles. Il aime bien manger les oiseaux. C'est le ......
3. Il a un bec, deux ailes et deux pattes. C'est un ......
4. Au ......, les petits oiseaux sont dans les nids.
5. Les oiseaux aiment bien manger des ......
6. On peut trouver des œufs ou des petits oiseaux dedans. C'est un ......

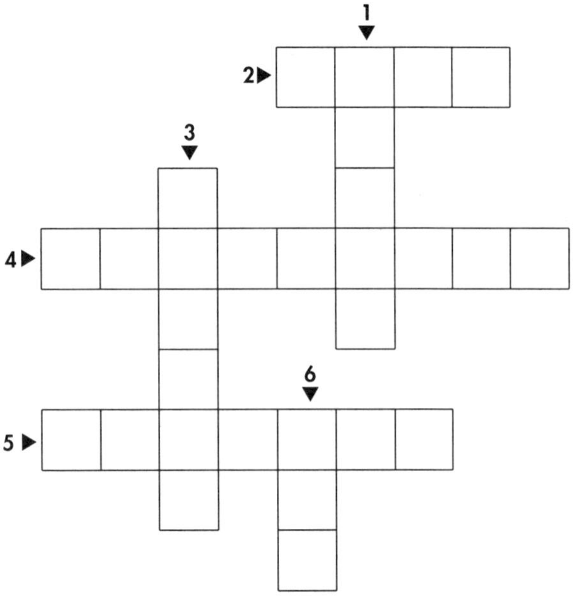

Unité 8

Activité n° 5 Écoute bien et lis le texte. Puis, comme dans l'exemple, relie les phrases aux dessins correspondants.

Exemple :
J'attache les bouteilles au cageot avec de la ficelle. •

1. Moi, je fixe les deux boîtes en carton avec des punaises. •

2. Je pose l'autre morceau de la bouteille dans le cageot. •

3. Moi, je coupe les bouteilles. •

4. J'attache la mangeoire à un arbre avec de la ficelle. •

5. Je remplis la mangeoire avec des graines et de l'eau. •

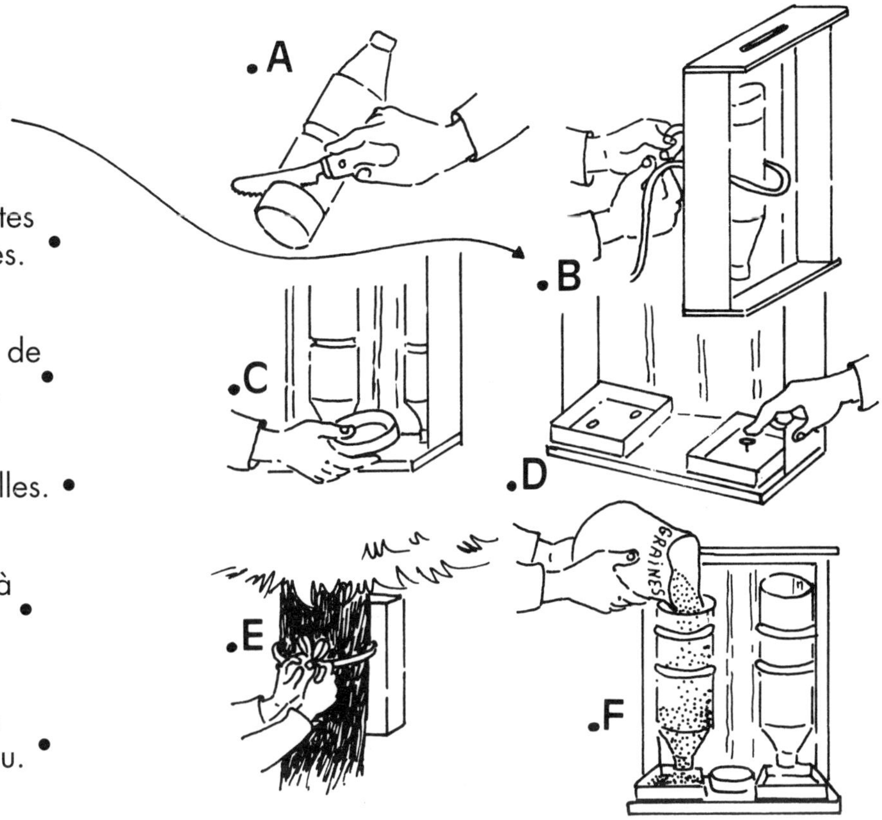

Activité n° 6 Lis les phrases puis colorie les étiquettes qui conviennent pour former des phrases correctes.

1. Maman, j'ai trouvé un petit chat. Il [a / est] très faim.

2. En [hiver / printemps], il n'y a pas d'œufs dans les nids.

3. Les oiseaux cherchent quelque chose dans la neige. Ils ne trouvent [des graines / rien].

4. – Au revoir, je [vais / beaucoup] jouer avec Romain.

– D'accord, mais [n'oublie / n'aide] pas ton ballon.

Unité 8

Activité n° 7 Écoute bien. Puis réponds aux questions en faisant des dessins.

1

2

3

1. Qu'est-ce que les enfants vont fabriquer ?
2. Combien Barbara a-t-elle de bouteilles ?
3. Que cherche Cécile ?

Activité n° 8 Lis les mots et retrouve la phrase cachée. Écris cette phrase.

les rien

hiver, oiseaux

trouvent En à

ne manger.

Unité 9

Activité n° 1 Écoute bien et écris dans les ronds les numéros des phrases qui correspondent aux dessins.

Activité n° 2 Écoute bien. Entoure le dessin s'il correspond à ce que tu entends.

Unité 9

Activité n° 3

Observe les dessins. Écoute bien et lis les phrases, puis fais une croix sous le dessin qui correspond à ce que veut l'enfant qui a écrit ces phrases, comme dans l'exemple.

1 Je préférerais jouer avec eux au lieu de nager.

2 Au lieu de lire comme Renaud, je préférerais dessiner et peindre.

3 Comme Pierre, je préférerais me laver au lieu de travailler comme Anne.

4 Comme elle, je préférerais être en vacances au lieu d'aller à l'école.

5 Ce matin, au lieu d'aller à la piscine, je préférerais dormir.

Unité 9

Activité n° 4 Choisis et dessine ce que Cécile et Romain mettent dans leur sac et complète ce que la mère de Romain et Cécile écrivent.

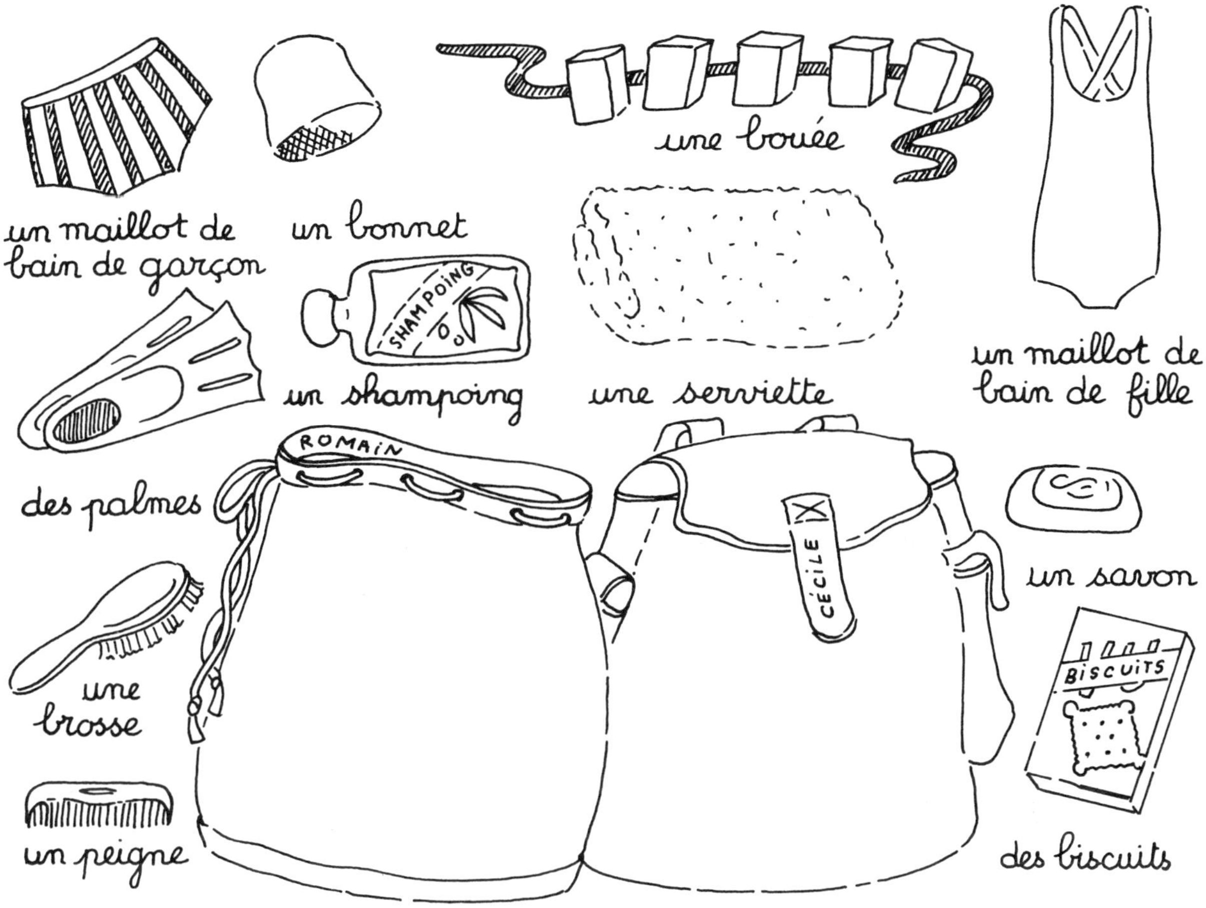

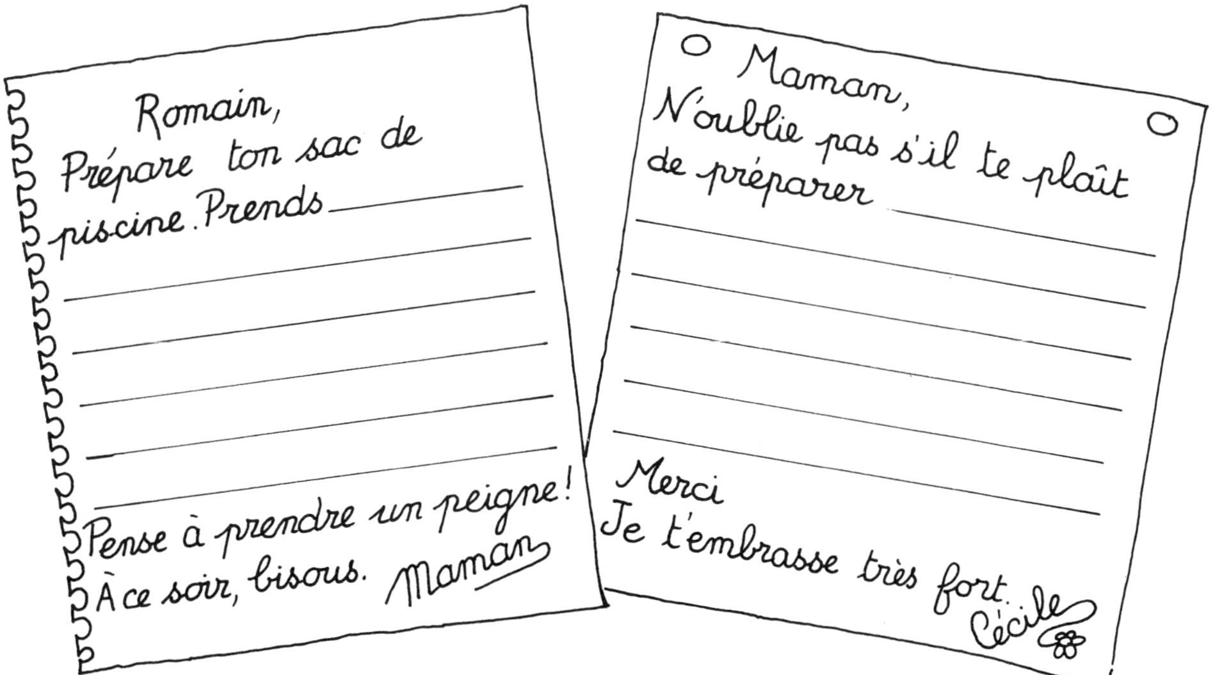

Activité n° 5 Colorie les dessins que tu aimes le mieux et écris dessous ce que tu préférerais faire.

1

2

Activité n° 6

Lis d'abord le texte, puis écris ce que tu fais le matin.

Le matin, mon petit frère se lève et prend son petit déjeuner. Après, il se lave les dents, mais il ne veut jamais prendre de douche le matin parce qu'il n'aime pas se dépêcher : il se douche toujours le soir, avant d'aller se coucher. Ensuite, il s'habille et va à l'école.
Et toi, que fais-tu le matin avant de partir pour l'école ?

Unité 10

Activité n° 1

Écoute bien et lis chaque phrase. Observe bien le dessin qui correspond. Puis colorie-le si la phrase est vraie.

1. Les trois petits cochons sont trois frères.

2. Cochonet fabrique la maison la plus grande.

3. Dans la maison en bois, Cochonou et Cochonette n'ont pas peur du loup.

4. Le loup veut jouer à saute-mouton avec les trois petits cochons.

5. Pour entrer dans la maison en pierre, le loup passe par la cheminée.

6. Le loup a très chaud. Il se sauve très vite de la maison en pierre.

Activité n° 2

Écoute bien et écris dans les carrés les numéros des phrases qui correspondent aux dessins.

Unité 10

Activité n° 3 Écoute bien et lis les phrases. Observe les dessins puis ajoute ce qui manque. Attention, n'oublie rien !

1. Aujourd'hui, les trois petits cochons tirent les rois. Cochonette a fait une galette. Elle a aussi fabriqué une couronne.

2. Cochonou n'est pas content. Il aime mieux le gâteau au chocolat que la galette. Il ne mange rien. Son frère et sa sœur mangent un morceau de galette.

3. C'est Cochonet qui a trouvé la fève. Il a mis la couronne sur sa tête.

4. Cochonette apporte de la salade de fruits pour Cochonou. Maintenant, les trois petits cochons sont très contents.

Activité n° 4 Écoute bien et écris dans les ronds les numéros des phrases qui correspondent aux dessins.

Unité 10

Activité n° 5 Lis les phrases et choisis les mots qui conviennent.

1. – Vite, dépêche-toi, [ses / ton] père est déjà dans la voiture.

2. – Tu peux me prêter [tes / ses] crayons de couleur, s'il te plaît ?

3. – Mais que font-ils ?
   – Ils cherchent [leur / sa] chien. Il s'est sauvé.

4. Romain aime beaucoup jouer au ballon avec [ta / ses] copains.

5. – [Ton / Nos] amis de Paris nous ont envoyé un paquet.

6. – Comment vont [ta / vos] enfants ?

Unité 10

Activité n° 6 Qu'est-ce qu'ils disent ? Complète les phrases avec un des mots suivants : **mon - ma - mes - ton - ta - tes - son - sa - ses - notre - nos - votre - vos - leur - leurs.**

Activité n° 7 Lis la question et écris la réponse en utilisant les mots suivants : **meilleur copain** ou **meilleure copine**.

Comment s'appelle ton meilleur copain ?

Unité 11

Activité n° 1

Écoute et écris dans le carré le numéro de la phrase qui correspond au dessin.

☐ A

☐ B

☐ C

☐ D

☐ E

☐ F

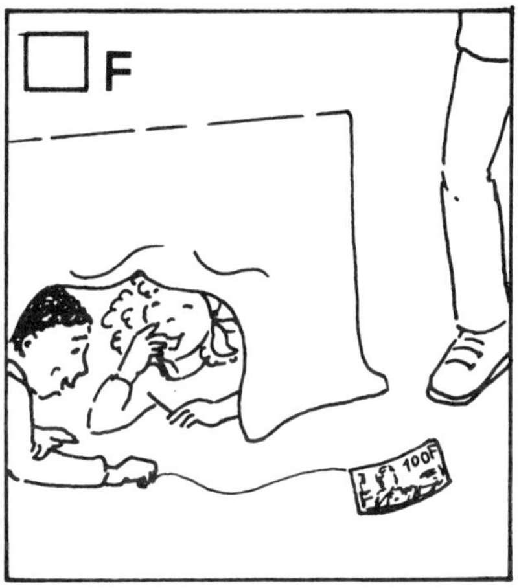

Activité n° 2

Relis le dialogue correspondant aux images 1, 2, 3 page 51 du livre.
Puis écoute et fais une croix dans le carré pour montrer si la phrase est vraie ou fausse.

	VRAI	FAUX
A		
B		
C		
D		
E		
F		

Unité 11

Activité n° 3 Lis les mots et mets-les en ordre pour faire des phrases. Puis écris ces phrases sous les dessins correspondants.

1 reste Barbara lit ce matin au.

2 est au Elle travail.

3 des Nous gâteaux faisons.

Activité n° 4 Observe l'exemple et écris les mots qui conviennent devant chaque flèche.

VENDRE

nous → VENDONS
V E N D R E (vertical)
...... → VENDENT
.... → VENDEZ

FERMER

...... → FERMEZ
F E R M E R (vertical)
...... → FERMENT
...... → FERME
...... → FERMONS

Unité 11

Activité n° 5

Écoute bien, lis les phrases et cherche les réponses qui peuvent convenir. Fais une flèche, comme dans l'exemple.

A – Maman, je ne veux pas aller à l'école ce matin !

B – Anne, tu as entendu ? La maîtresse dit que l'école ferme demain.

C – Madame, vous avez entendu les informations ? Cette année, les écoles ne vont pas fermer le jour de Noël.

D – Papa, tu sais, la piscine va fermer cette semaine.

E – Madame, est-ce que je peux sortir de la classe cinq minutes ?

F – Papa, Maman, vous savez ce que dit Romain ? On va vendre la Tour Eiffel et le château de Chambord aux Américains.

– C'est vrai ?

– Qu'est-ce qui se passe ?

– Qu'est-ce que tu racontes ?

Activité n° 6

• Cette année, quel jour est le 1er avril ?

....

• Écris les jours de la semaine sur ce calendrier, à la place qui convient. Écris ensuite les numéros des jours.

• Quel jour sommes-nous, aujourd'hui ?

....

• Et demain ?

....

• « L'école ferme du 1er au 8 avril. »
Pendant combien de temps l'école va-t-elle fermer ? (Mets les mots en ordre pour répondre à cette question : **va - une - L'école - fermer - semaine - pendant**.)

....

• « L'école va fermer pour Noël, du 22 décembre au 4 janvier. »
Pendant combien de temps va-t-elle fermer ?

....

Unité 11

Activité n° 7 Écris une partie du règlement de ta classe de français. Voici quelques idées. Choisis celles que tu veux.

il ne faut pas écrire sur les tables - n'écrivez pas sur les livres - ne pas écrire sur le tableau si ce n'est pas en français - écris sur les tables - parler français - parler une autre langue - courez dans la classe - jouer pendant que les autres travaillent - il faut sortir de la classe sans demander si on a le droit - crier - chanter quand les autres lisent - etc.

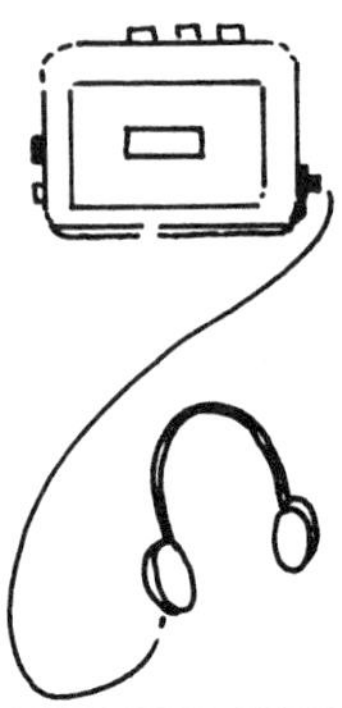

Unité 12

Activité n° 1 Écoute bien et écris dans les ronds les numéros des phrases qui correspondent aux dessins.

Activité n° 2 Écoute bien, lis les phrases puis relie les phrases aux montres correspondantes.

Romain a rendez-vous avec Renaud à 15 heures. •

À 17 heures, il rentre à la maison. •

À 17 heures 30, il regarde la télévision. •

Il prend une douche à 19 heures. •

Chez Romain, le dîner est à 19 heures 30. •

Unité 12

Activité n° 3 Écoute bien puis écris le nombre qui manque dans chaque phrase.

1.– J'ai aussi des boîtes de .... feutres, si vous préférez.

2. – Il y a .... élèves dans cette classe.

3. La tour Eiffel a plus de .... ans.

4. .... enfants mangent tous les jours à l'école.

5. Il y a .... pièces dans ce château.

6. – Ma grand-mère a .... ans.

Unité 12

Activité n° 4 Écoute bien puis complète le tableau : dessine l'heure qui convient sur les montres.

Le matin

	L'école commence à	La récréation est à	L'école finit à
Marc			
Romain			

L'après-midi

	L'école commence à	La récréation est à	L'école finit à
Marc			
Romain			

Activité n° 5 Choisis une grille pour jouer au loto. Écoute bien.

10	14	15
33	40	51
66	72	80
91	94	100

11	14	18
19	20	21
22	60	71
72	83	84

13	16	21
35	48	50
71	79	81
90	96	100

12	17	19
24	30	35
44	51	57
70	77	93

Unité 12

Activité n° 6 Lis les phrases puis relie-les aux dessins correspondants.

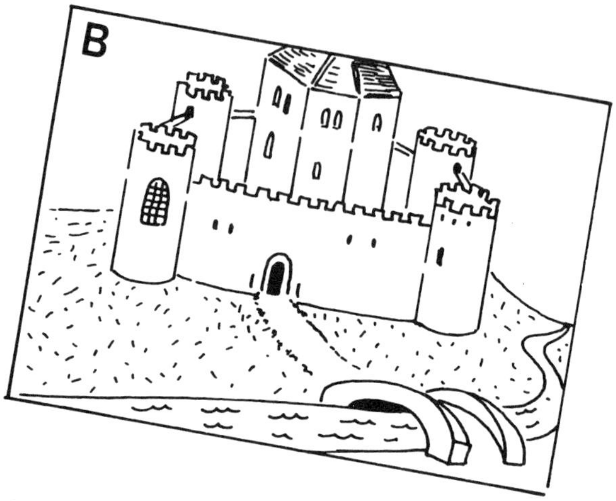

1. C'est un château avec quatre tours. Il y a une rivière à côté du château et un petit pont sur la rivière.

2. Il y a une rivière autour du château et il faut passer sur un pont pour aller au château.

3. Dans la plus haute tour de ce château, il y a une prison.

4. C'est un château qui est sur un pont. Il n'y a pas de murs autour. La rivière est sous le château.

5. Le château est au milieu d'un bois. Dans ce bois, il y a une rivière. Ce château n'est pas très grand, mais il a beaucoup de fenêtres.

Unité 13

Activité n° 1 Écoute la chanson et complète le texte avec les mots qui sont écrits à droite.

Le ________ des Olympiades
On ________ envie de rigoler
________ voudrait être les premiers
Aïe aïe aïe quelle journée !

Car le ________ des Olympiades
On ________ envie de gagner
________ prêt à sauter
En longueur ________ lancer
Des poids ________ à grimper !

Oui, le jour des Olympiades
On a tous envie de s'amuser
On est prêt à ________
En hauteur et à ________
Très très vite pour ________ !

courir
n'a pas
gagner
on
jour
sauter
matin
a tous
et à
on est
et

Activité n° 2 Écoute la chanson, lis ces mots et écris les phrases dans l'ordre.

1) tous on envie s' de a amuser.

....

2) à . sauter on prêt est hauteur en

....

3) est on très . tous fatigués

....

4) ! amusé s' on est bien tous

....

Unité 13

Activité n° 3

Écoute bien, puis lis les phrases et relie avec une flèche ce qui va ensemble.

1. Il ne faut pas avoir peur. •	• A) Elle saute plus haut que les autres.
2. C'est une championne ! •	• B) Il n'y a plus de loups dans les bois.
3. J'ai lancé le ballon dans la rue.•	• C) Mais je ne sais pas comment j'ai fait.
4. Romain, tu as plongé trop tôt ! •	• D) Pardon. Je ne l'ai pas fait exprès.

Activité n° 4

De quel sport parle-t-on ? Relie le texte à l'image qui correspond.

a) J'adore l'eau. J'aime flotter et j'aime aussi nager sous l'eau.

b) D'abord, on court un peu, et puis hop ! on saute le plus haut possible.

c) On prend la corde avec les deux mains et on tire sur les bras. Après, on monte les pieds… et comme ça, on grimpe.

d) Il faut courir un peu. Devant le trait, on saute, le plus loin possible.

Unité 13

Activité n° 5 Observe et colorie de la même couleur ce qui va ensemble. Tu vas découvrir ce que veulent dire ces expressions bien françaises !

Il verse des larmes de crocodile.

Il court comme un lapin.

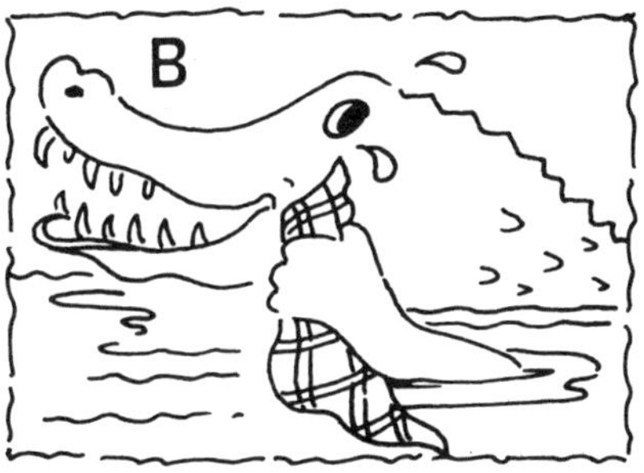

Elle a les jambes en coton.

Il est dans la lune.

Elle a une faim de loup.

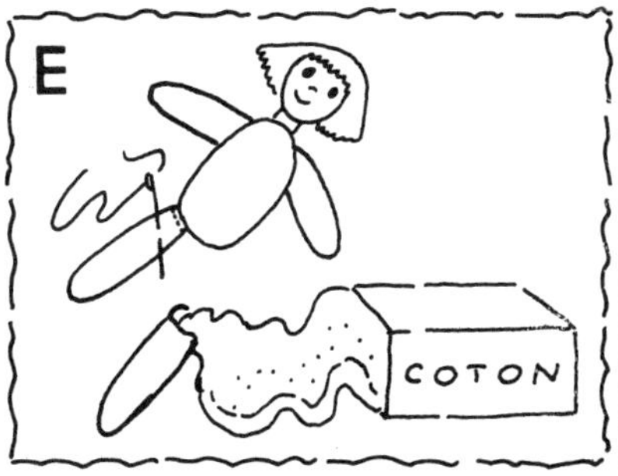

Activité n° 6

Écoute et colorie les dessins qui correspondent à ce que tu as entendu.

Activité n° 7

Dessine ici ton sport préféré et écris dessous le nom de ce sport.

Est-ce qu'on fait ce sport en équipe, avec des copains ou tout seul ?

....

Est-ce qu'on a besoin d'un ballon pour jouer ?

....

Où faut-il aller ? (au gymnase, à la piscine,...)

....

Unité 14

Activité n°

Écoute puis écris dans les ronds les numéros des parties de la chanson qui correspondent aux dessins.

Unité 14

Activité n° 2 Écoute bien et écris dans les ronds les numéros des phrases qui correspondent aux dessins.

Activité n° 3 Que font Pauline et ses parents le soir de la fête de la musique ? Écoute bien et lis les phrases. Fais une croix pour montrer si elles sont vraies ou fausses.

	VRAI	FAUX
1. Pauline et ses parents sortent pour la fête de la musique avant le dîner.		
2. Ils ne mangent pas de dessert à la maison parce qu'ils vont manger des glaces dans la rue.		
3. Toute la famille aime les glaces au chocolat.		
4. Les quatre musiciens que Pauline et ses parents écoutent, jouent de la flûte.		
5. La musicienne joue des maracas.		
6. Le musicien dit aux enfants de venir jouer avec eux.		
7. Pauline a peur, elle ne veut pas essayer de jouer des maracas.		

Unité 14

Activité n° 4 Écris les mots qui manquent dans cette fiche de bricolage.

Pour faire 2 maracas, il faut ______ pots de yaourt, de la ______, du papier, des ______ et des ciseaux. Il faut aussi des petites graines.

1) Mettre les graines dans 2 ______.

2) ______ 2 autres pots sur les premiers.

3) Pour décorer les maracas, ______ 4 bandes de papier et faire un dessin dessus avec les feutres.

4) ______ ces bandes sur les pots.

Activité n° 5 Écoute bien puis réponds aux questions.

- Où les élèves de Madame Brunet vont-ils chanter ?

....

- À quelle heure commence le spectacle ?

....

- Pourquoi les élèves font-ils un spectacle ce soir-là ?

....

Unité 14

Activité n° 6

Écoute bien, lis le texte, puis dessine des flèches pour montrer ce que les enfants ont fait le soir de la fête de la musique.

Romain et ses parents ne sont pas sortis pour la fête de la musique. Ils sont tous restés à la maison. Alors Romain a regardé la télé au lieu de se promener.
Cécile est allée à l'école : elle a chanté avec d'autres élèves de sa classe et elle a aussi joué de la guitare. Son grand frère, lui, a joué de la guitare dans les rues avec des copains.
À Paris, Marc est allé se promener avec ses parents aux Champs-Élysées. Ils ont écouté des musiciens.

Romain	•	•	est allé se promener et a écouté des musiciens dans les rues.
Cécile	•	•	a joué de la guitare dans la rue avec deux copains.
		•	a regardé la télé.
Marc	•	•	est allée à l'école pour finir son travail.
		•	a joué de la guitare.
		•	a chanté et joué de la guitare avec des copains de sa classe.

Activité n° 7

Devinette : Quelle est la différence entre faire de la musique avec une guitare et faire du bruit avec une guitare ?
Choisis dans la liste les mots qui conviennent pour écrire la réponse à cette devinette.
bruit - longtemps - fait - de - avec.

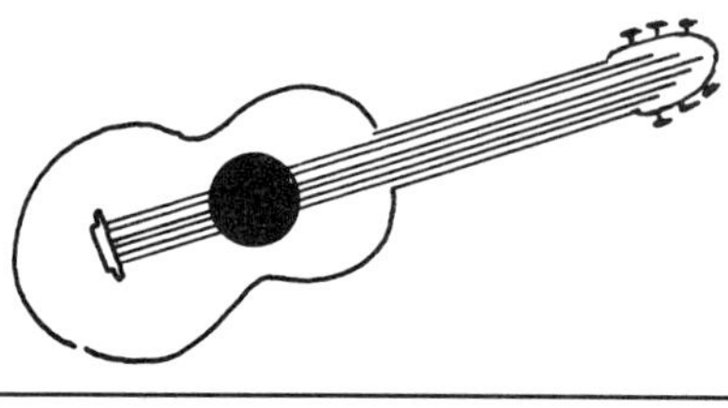

On ________ de la musique ________ une guitare quand on sait jouer ______ la guitare depuis ____________.
On fait du ______ avec une guitare quand on commence à jouer de la guitare, c'est-à-dire quand on apprend à en jouer.

Unité 15

Activité n° 1 Écoute bien puis écris dans les ronds les numéros des phrases qui correspondent aux dessins.

Activité n° 2 Écoute et lis les phrases puis fais une croix dans la case qui convient pour dire si elles racontent l'histoire de la Belle au Bois Dormant.

	VRAI	FAUX
1. La Belle au Bois Dormant est une fée.		
2. Le roi et la reine n'ont pas d'enfant.		
3. La princesse va se piquer le doigt à 16 ans		
4. La princesse a mangé beaucoup de gâteaux et elle a dormi longtemps.		
5. La Belle au Bois Dormant a dormi 100 ans.		
6. C'est un prince qui a réveillé la princesse.		

Unité 15

Activité n° 3  Écoute bien et lis l'histoire de la Belle au Bois Dormant. Les phrases sont mélangées. Numérote-les de 1 à 5 dans l'ordre qui convient pour retrouver l'histoire.

A. Le jour de ses 16 ans, la princesse se pique le doigt et dort pendant 100 ans.
☐

B. Mais une vieille fée est en colère. Alors elle dit que la princesse va mourir à 16 ans.
☐

C. Pour fêter la naissance de la princesse, les fées du pays viennent au château.
☐

D. 100 ans après, un prince arrive au château et réveille la jolie princesse.
☐

E. Heureusement une jeune fée dit que la princesse ne va pas mourir mais qu'elle va dormir 100 ans.
☐

Activité n° 4 Qui dort où ? Lis les textes puis fais des flèches pour montrer quelles sont les chambres de Marc, Barbara, Renaud et Thui.

A. Marc aime beaucoup jouer au ballon avec ses copains. Il aime aussi skier : tous les hivers, il va à la montagne avec ses parents pour faire du ski.

B. Barbara est très sportive. Elle est très bonne à la course à pied, elle a déjà gagné plusieurs courses.

C. Renaud aime bien jouer au ballon avec ses copains. Il ne fait pas d'autre sport. Il aime bien regarder le sport à la télévision : la natation est son sport préféré.

D. Thui adore danser. Elle fait de la danse tous les mercredis après-midi. Elle essaye de regarder tous les spectacles de danse qui passent à la télévision.

Unité 15

Activité n° 5 Complète ce poème avec les mots qui conviennent. Choisis les mots dans la liste : **cailloux - genoux - hiboux - poux - bijoux.**

Les Hiboux

Ce sont les mères des __________
Qui désiraient chercher les __________
De leurs enfants, leurs petits choux,
En les tenant sur les __________ .

Leurs yeux d'or valent des __________
Leur bec est dur comme __________
Ils sont doux comme des joujoux
Mais aux hiboux point de __________ !

Votre histoire se passait où ?
Chez les zoulous ? les Andalous ?
Ou dans la cabane bambou ?
À Moscou ? Ou à Tombouctou ?
En Anjou ou dans le Poitou ?
Au Pérou ou chez les Mandchous ?

Hou ! Hou !
Pas du tout, c'était chez les fous.

Activité n° 6

On a trouvé une lettre dans une bouteille, dans la mer. On ne peut plus tout lire. Écris les mots qui manquent dans cette lettre.

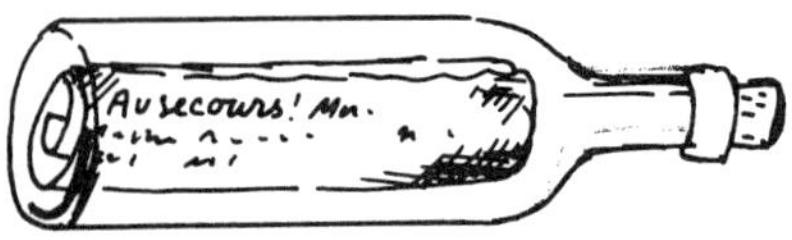

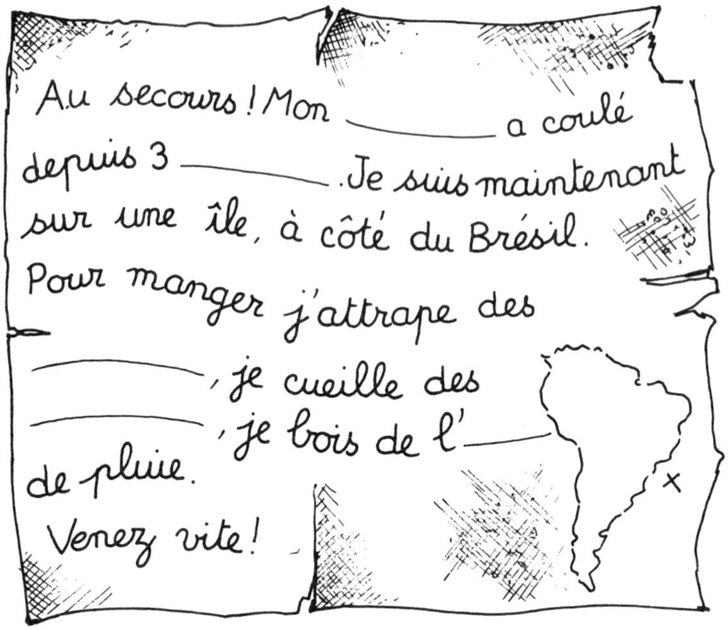

Activité n° 7

Cécile part en vacances, fais la liste des vêtements qu'elle met dans sa valise.

Unité 15

Quel est l'intrus ?

A. 

B. 

C. le Canada - l'Allemagne - la France - le Liban - la Guyane

D. 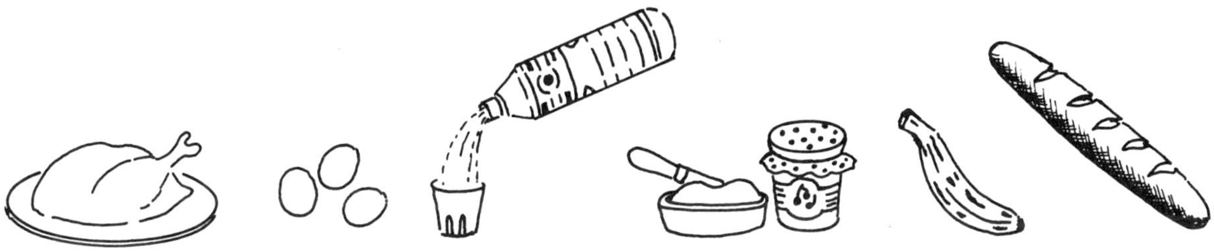

E. un maillot de bain - des maracas - une flûte - une guitare - un piano

F. 

G. le salon - l'école - la chambre - la cuisine - la salle de bains.

H. ils sautent - ils rient - ils jouent - ils travaillent - les ingrédients.

I. une pomme - une orange - vert - bleu - rouge.

Unité 15

Une maison pour les vacances

Imprimé en France par Pollina, 85400 Luçon - n° 66113 — Dépôt légal : septembre 1994

Évaluation Unité 1

Exercice n° 1

Observe, lis, écoute et entoure la phrase qui correspond au dessin.

1

A. Je suis allée chez ma grand-mère avec mes parents.
B. Je suis restée ici.

2

A. Nous sommes allés à la mer, chez mes grands-parents.
B. En juillet, avec mes parents, on est allé à la montagne.

3

A. Et toi, tes vacances, tu es partie ?
B. Bonjour. Avez-vous passé de bonnes vacances ?

Exercice n° 2

Observe les dessins et complète la grille de mots croisés.

Exercice n° 3 Regarde les dessins. Qu'est-ce qu'ils font ? Raconte ce que tu vois.

Exercice n° 4 Écris une carte postale à tes parents. (Si tu veux, tu peux utiliser les étiquettes du mini-fichier, page 13).

Exercice n° 1  Écoute bien et colorie les dessins qui correspondent aux phrases que tu entends.

Exercice n° 2 Lis les phrases et trouve les mots qui manquent. Écris ces mots dans la grille, à côté des numéros correspondants (ou dessous).

1. On l'écrit sur l'enveloppe. C'est l'......
2. Tu peux en fabriquer de très amusantes pour écrire à tes copains. Ce sont des ......
3. On met la lettre dedans. C'est une ......
4. On le tient dans la main pour écrire. C'est un ......
5. On la met dans une enveloppe. C'est une ......
6. Pour ......, il faut une feuille et un stylo.
7. On le colle sur l'enveloppe. C'est un ......

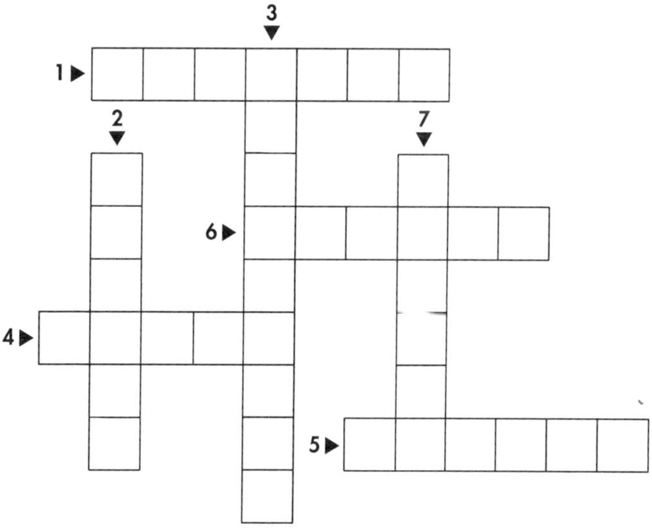

Évaluation Unité 2

Exercice n° 3 Colorie les étiquettes qui conviennent pour former des phrases correctes.

1. La maîtresse [écrit / dessine] l'adresse sur l'enveloppe.

2. Cécile est assise [à côté de / à côté à] sa copine.

3. Maman lit [la lettre / la cassette] de Grand-mère.

4. Cécile écrit une lettre [à sa copine / par son frère]

Exercice n° 4 Regarde les dessins et raconte l'histoire.

Exercice n° 1 Écoute bien, puis écris dans le rond le numéro du texte qui correspond au dessin.

Exercice n° 2 Lis les phrases. Colorie seulement les dessins qui correspondent aux phrases.

A. Mon chat vient toujours dans la salle de bains avec moi.

B. J'ai une chambre pour moi toute seule.

C. Hier soir, Maman a travaillé. Avec Papa, on a dîné dans la cuisine.

D. Chez moi, on mange dans la salle à manger.

Exercice n° 3 Observe bien la carte. Écris ensuite la première lettre qu'Estelle écrit à sa copine de Paris.

Club sportif d'Orléans

Nom : BELOT

Prénom : Estelle

Âge : 10 ans

Adresse : 18, rue du Cheval Rouge. ORLÉANS

- [x] Samedi
- [x] Mercredi
- [ ]
- [ ]

Exercice n° 4 Qu'est-ce qu'ils font ? Qu'est-ce qu'ils disent ?

Évaluation Unité 4

Exercice n° 1

Écoute bien et écris dans les ronds les numéros des phrases qui correspondent aux dessins.

Exercice n° 2

C'est aujourd'hui ton anniversaire.
Qu'est-ce que tu veux manger ?
Choisis ton menu et dis pourquoi tu l'as choisi.

Exercice n° 3 Regarde les dessins et lis les phrases. Puis fais des dessins pour répondre aux trois questions.

1. Qu'est-ce que Cécile va manger en entrée ?
2. Qu'est-ce qu'elle va manger ensuite ?
3. Quel dessert Cécile a-t-elle choisi ?

1	2	3

Exercice n° 4 Complète les phrases avec les mots qui conviennent puis réponds à la question.

meilleur
mieux

1. Pauline aime .... le gâteau au chocolat que la salade de fruits.

aime
n'aime pas

2. Elle .... bien les bonbons mais elle préfère la salade de fruits.

préfère
aime

3. Elle .... beaucoup le gâteau au chocolat mais elle préfère les crêpes au sucre.

Quel est le dessert préféré de Pauline ?

....

Exercice n° 1 A. Écoute bien. Écris dans les ronds les numéros des phrases qui correspondent aux dessins.
B. Écoute encore et complète le dernier dessin.

Exercice n° 2 Qu'est-ce qu'ils font ? Qu'est-ce qu'ils disent ?

Exercice n° 3 A. Observe les dessins.
B. Lis les phrases et relie-les aux dessins correspondants.

1. Il y a des cadeaux pour tout le monde.
2. Papa éteint la télévision.
3. Le soir de Noël, toute la famille danse.

1. On a donc décoré un manguier.
2. Ici, les sapins, on ne les connaît qu'en photo.
3. Pendant la nuit de Noël, on va chanter.

Exercice n°4

Qu'est-ce qu'ils disent ? Observe le dessin. Découpe les étiquettes (mini-fichier page 17). Retrouve les phrases et colle-les dans les bulles qui conviennent. (Tu peux aussi les écrire toi-même).

Exercice n° 1

Écoute bien et relie ce qui va ensemble.

Exercice n° 2

Qu'est-ce qu'ils font ? Qu'est-ce qu'ils disent ? Décris les images.

Exercice n° 3 Observe, lis et relie ce qui va ensemble.

le matin •

à midi •

vers 4 ou 5 heures •

le soir •

• le dîner

• le goûter

• le déjeuner

• le petit déjeuner

Exercice n° 4 Lis les phrases que va te proposer ton professeur. Retrouve l'ordre du texte et écris-le ici.

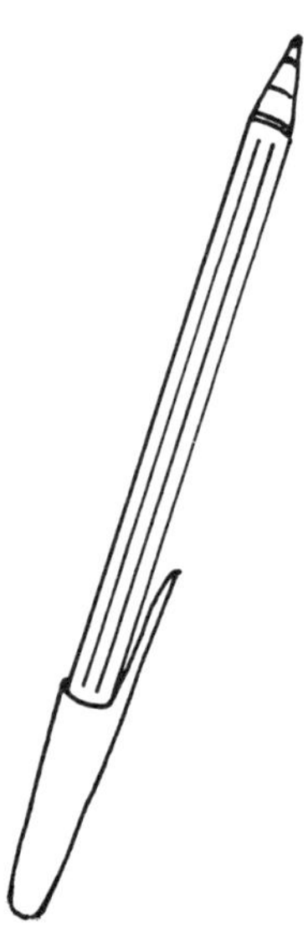

Mini-fichier

Unité 1 - exercice n°4

de bonnes vacances	Je joue	à Paris.	mes copains.
avec	des nouvelles chansons.	À bientôt !	J'apprends
Je passe			

Unité 2 - activité n°5

Je suis très contente de t'écrire.
Réponds-moi vite, j'attends ta lettre.
À bientôt.
Je m'appelle Barbara, j'ai 9 ans.
Et toi est-ce que tu as des frères et des sœurs?
J'ai un frère, il a 11 ans.

Unité 3 - activité n°3

Cher Adrien,
- Au fait, et tes parents, ils vont bien ?
J'espère que tu vas bien et que tes parents vont bien aussi.
- Oui, oui, merci. Ils sont dans le jardin.
À bientôt, Gilles.

Unité 5 - activité n°3

Leur cuisine est grande !

Bonjour mon enfant. Où vas-tu ?

Elle entre dans une belle petite cuisine. Elle pose son gâteau sur la table.

Voici mon père, monsieur Ours, et ma mère, madame Ours.

Ah bonjour ! Je m'appelle Boucle d'or. Et vous, qui êtes-vous ? Vous habitez ici ?

Bonjour monsieur, je vais chez ma grand-mère.

Grand-mère ! C'est moi, le Petit Chaperon Rouge ! ... Ouvre !

Unité 5 - activité n°4

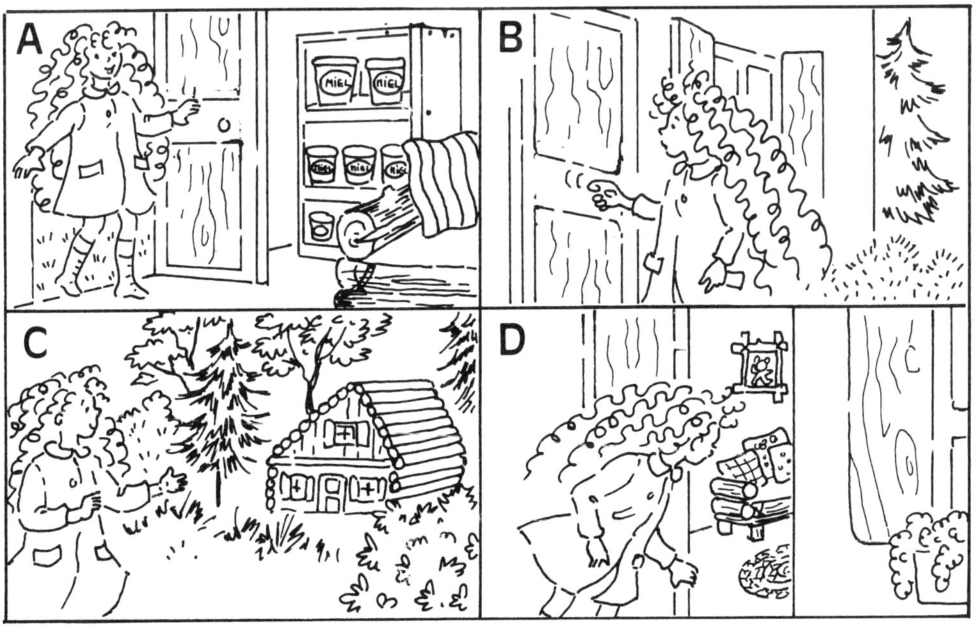

Mini-fichier

Unité 6 - activité n°3

Ces enfants connaissent-ils les sapins ?
Anne connaît-elle la tour Eiffel ?
Les enfants de Fort-de-France connaissent-ils la neige ?
Est-ce que Romain connaît Marc ?

Unité 6 - activité n°4

Nous, nous avons fabriqué une guirlande avec des tours Eiffel en papier.
Mais j'aimerais bien visiter la tour Eiffel, les Champs-Elysées, toutes les rues et les magasins décorés pour la fête de Noël.
Orléans, le 14 décembre Cher Eric,
Bonnes vacances ! (c'est bientôt !) Amuse-toi bien ! Joyeux Noël à toi et à toute ta famille ! Alain
Aujourd'hui, à l'école, nous avons reçu un paquet de Paris avec une guirlande électrique.
Est-ce que tu connais Paris, toi ? Moi, je ne suis jamais allé là-bas.

Unité 6 - activité n°4

que	tu	fais	Qu'est-ce	jus	de	Tu	un	veux	fruits	?	?

voir !	Viens	mets	électrique	une	Je	guirlande	.

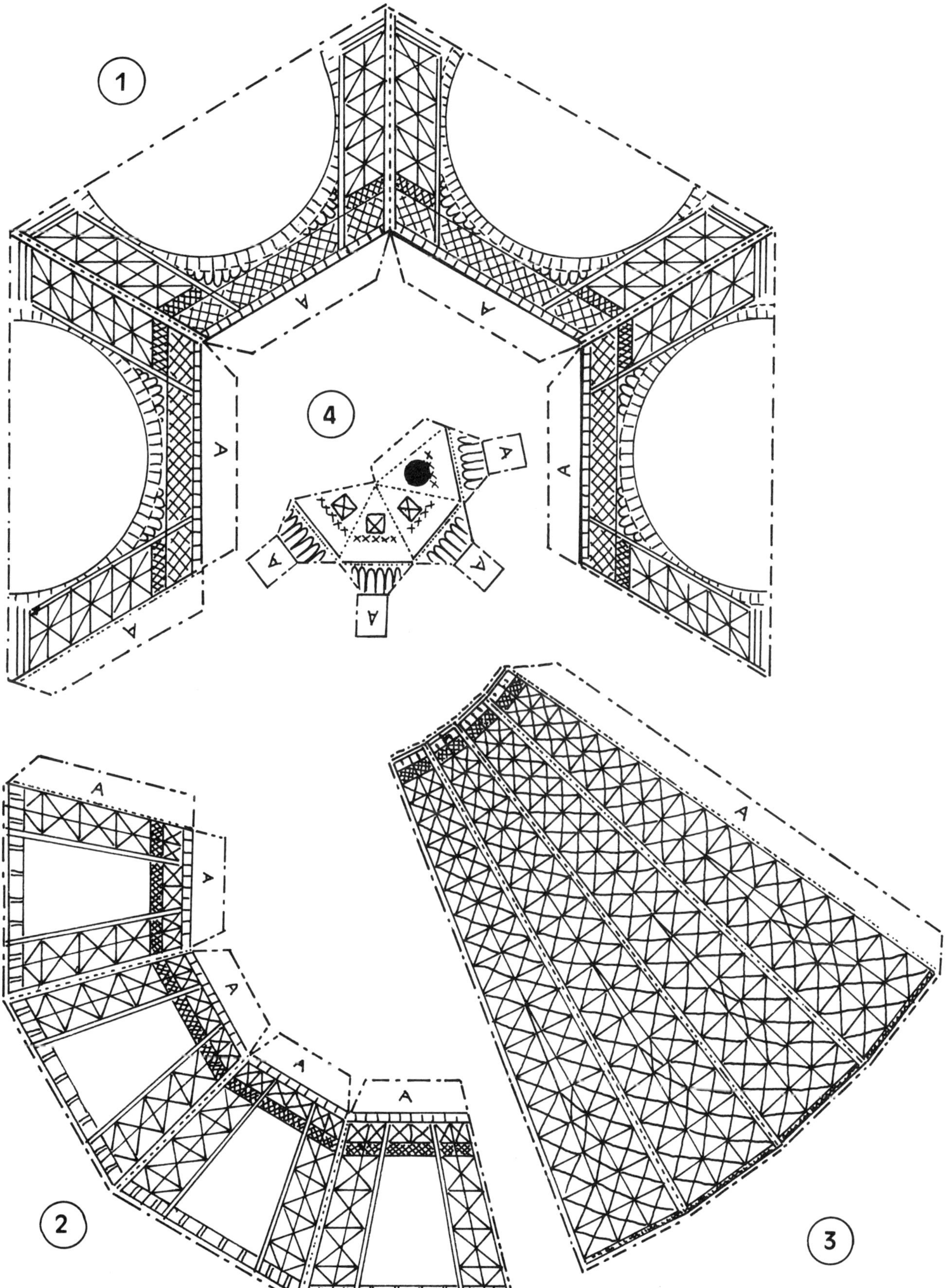
1
A
A
A
A
A
A
4
A
A
A
A
A
A
A
A
A
A
2
3

Exercice n° 1 Écoute bien. Écris dans les ronds les numéros des phrases qui correspondent aux dessins.

Exercice n° 2 Qu'est-ce qu'ils disent ? Qu'est-ce qu'ils font ? Raconte l'histoire.

Exercice n° 3 Lis les phrases et barre celles qui sont fausses.

Pour faire une mangeoire pour les oiseaux, il faut des bouteilles et un cageot.

Il faut aussi des feutres.

On remplit la mangeoire avec des graines et de l'eau.

On peut aussi mettre de la neige.

Au printemps, les oiseaux ne trouvent rien à manger.

Exercice n° 4 Lis les mots et retrouve la phrase cachée. Écris cette phrase.

son *et* *fabriquent*

mangeoire *Cécile*

frère *une* *les*

pour *oiseaux.*

Évaluation **Unité 9**

Exercice n° 1 Écoute bien et aide Romain. Fais une flèche pour montrer ce qu'il doit mettre dans le sac.

Exercice n° 2 Observe les dessins. Lis les phrases. Colorie les dessins, seulement s'ils correspondent aux phrases.

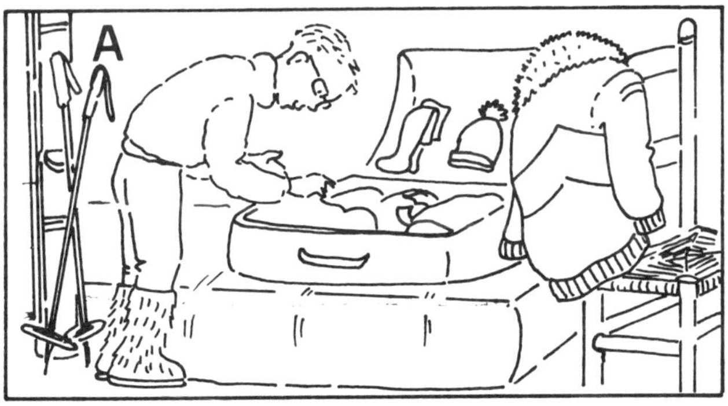

Elle prépare son sac de piscine.

Le bateau va bientôt couler au fond de l'eau.

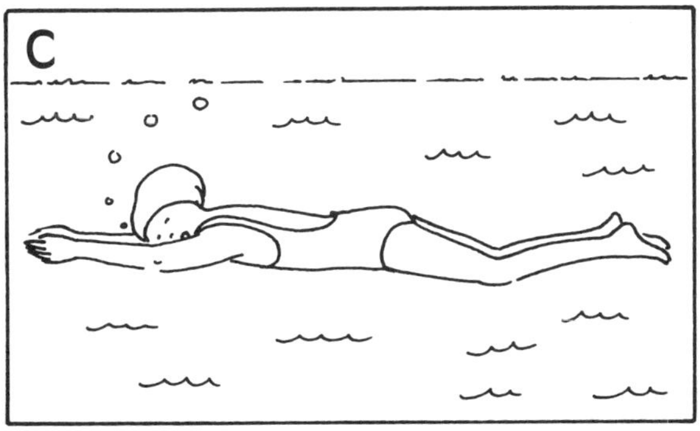

Elle souffle dans l'eau et fait des bulles.

Elle plonge. Elle aime nager sous l'eau.

Exercice n° 3 Qu'est-ce qu'ils font ? Qu'est-ce qu'ils disent ? Raconte-le.

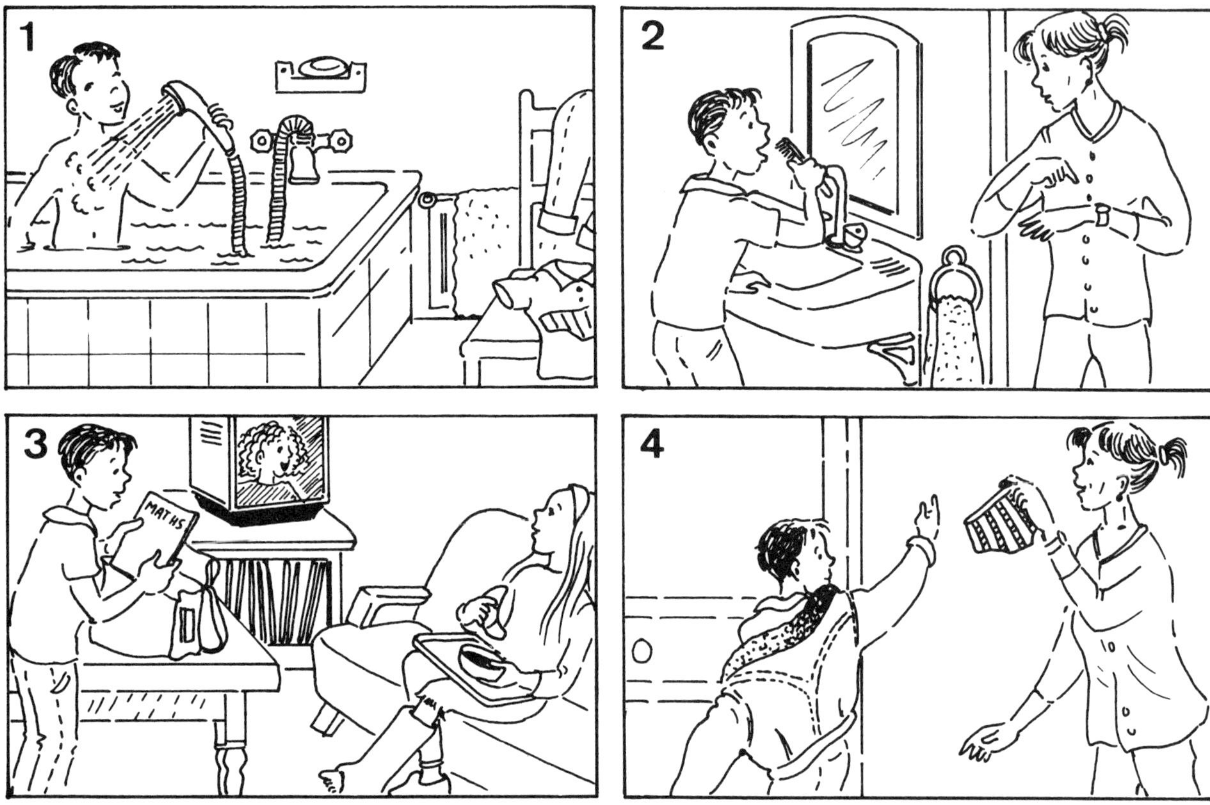

Exercice n° 4 Lis et complète la lettre de la maîtresse. N'oublie pas d'écrire ce qu'il faut prendre pour aller à la piscine.

Madame, Monsieur,

Cette année, votre enfant va aller à la piscine le mardi matin ______________________________

____

____

____

____

____

Madame Brunet

Brunet

Exercice n° 1

Écoute et écris dans les carrés les numéros des phrases qui correspondent à chaque dessin.

Exercice n° 2

Qu'est-ce qu'ils font ? Qu'est-ce qu'ils disent ? Qu'est-ce qu'on peut faire comme blague, le 1er avril ?

Exercice n° 3 Lis les phrases. Entoure en bleu ce qui peut s'écrire dans un règlement pour la classe de français et en vert la liste des blagues du 1er avril.

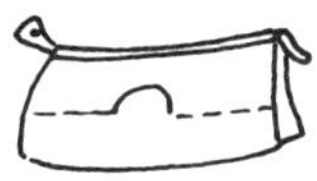

Accrocher un poisson dans le dos d'une copine ou d'un copain. Il faut parler le plus possible en français. On peut cacher la clé de la classe. On peut aussi mettre du sel dans le gâteau. Il ne faut jamais écrire sur les livres. N'écrire que sur le cahier. Mettre tous les livres sous une table. On n'a pas le droit de manger des bonbons dans la classe.

Exercice n° 4 A. Lis et complète la recette des gâteaux du 1er avril.
B. Lis et remets dans l'ordre les phrases suivantes. Attention, il faut faire un choix.

1) Casser Cassez l' dans un le œuf saladier. 2) Versez du doucement de Ajouter le sucre, puis mélanger le vanillé sucre farine et la. la Mélangez avec cuillère. 3) le Mélanger avec Ajoutez beurre et mélangez les mains. avec 4) une Faites Faire boule. grosse

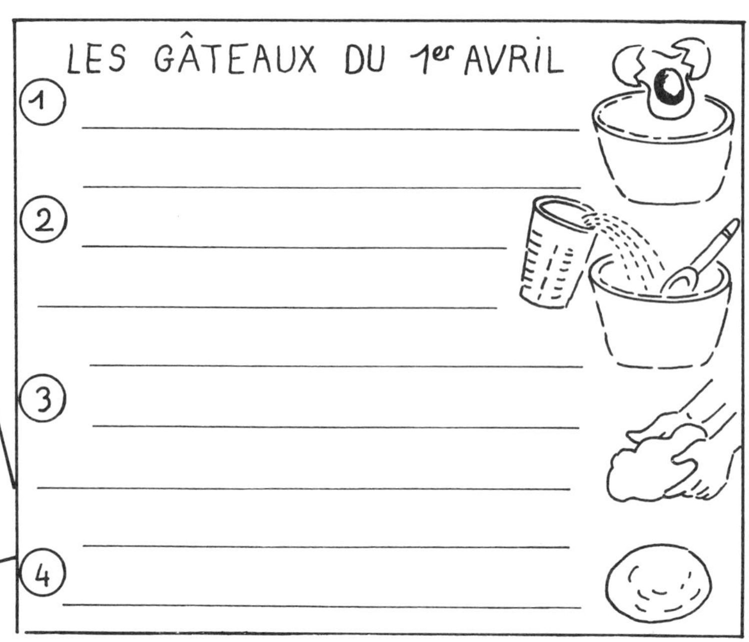

Exercice n° 1

Écoute bien et regarde les dessins. Puis dessine sur les montres qui sont sous chaque dessin l'heure qui correspond à ce que tu as entendu.

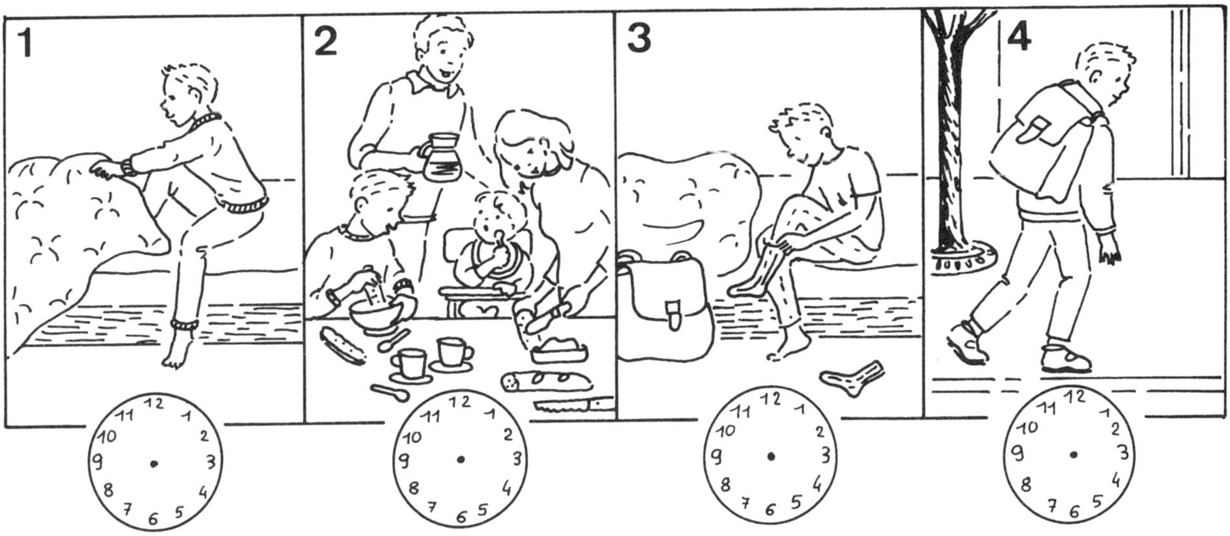

Exercice n° 2 Qu'est-ce qu'ils font ? Qu'est-ce qu'ils disent ?

Exercice n° 3 Lis le texte puis dessine le château qui correspond à ce que tu as lu.

C'est un château avec des tours. Il est en haut d'une montagne. Il a quatre tours. Deux tours sont plus petites que les deux autres. Sur les plus hautes tours, on voit trois fenêtres. Sur les plus petites tours, on voit deux fenêtres. Il y a une prison en haut d'une petite tour.

Exercice n° 4 M. Ségur explique aux parents de ses élèves que toute la classe va aller à Chambord et à Orléans. Écris dans l'ordre la lettre de M. Ségur.

Monsieur Ségur

Donnez un repas froid à votre enfant et des vêtements pour deux jours.

Mardi, la classe va aller à Chambord puis à Orléans.

Rendez-vous devant l'école pour le départ : mardi 2 juin à 7 h 30.

Madame, Monsieur,

Retour à l'école : jeudi 4 juin à 19 h 30.

Exercice n° 1 Écoute bien puis écris dans les ronds les numéros des phrases qui correspondent aux dessins.

Exercice n° 2 Observe les dessins et lis les phrases. Qu'est-ce qu'ils disent ? Écris dans les ronds le numéro des phrases qui correspondent au dessin.

1. – On essaye de sauter ensemble, d'accord ?
2. – Tu ne peux pas faire attention !
   – Je ne l'ai pas fait exprès.
3. – Moi aussi, je veux être un champion, comme lui !
   – Mais tu ne sais pas nager !
4. – Qu'est-ce qu'il est beau !
   – Oui ! Et c'est un vrai champion : regarde comme il saute bien !

Exercice n° 3 Qu'est-ce qu'ils font ? Qu'est-ce qu'ils disent ?

Exercice n° 4 Lis les questions et écris les réponses en mettant les mots en ordre pour faire des phrases.

Pourquoi dit-on en français :

• avoir une faim de loup ? (loups / beaucoup / les / parce / mangent / que)

....

....

• courir comme un lapin ? (vite / lapins / courent / parce / les / que)

....

....

• être dans la lune ? (autre gens pensent que / la lune / parce que, quand / nous sommes partis dans / nous rêvons, les)

....

....

Évaluation Unité 14

Exercice n° 1 Écoute bien puis écris dans les ronds les numéros des phrases qui correspondent aux dessins.

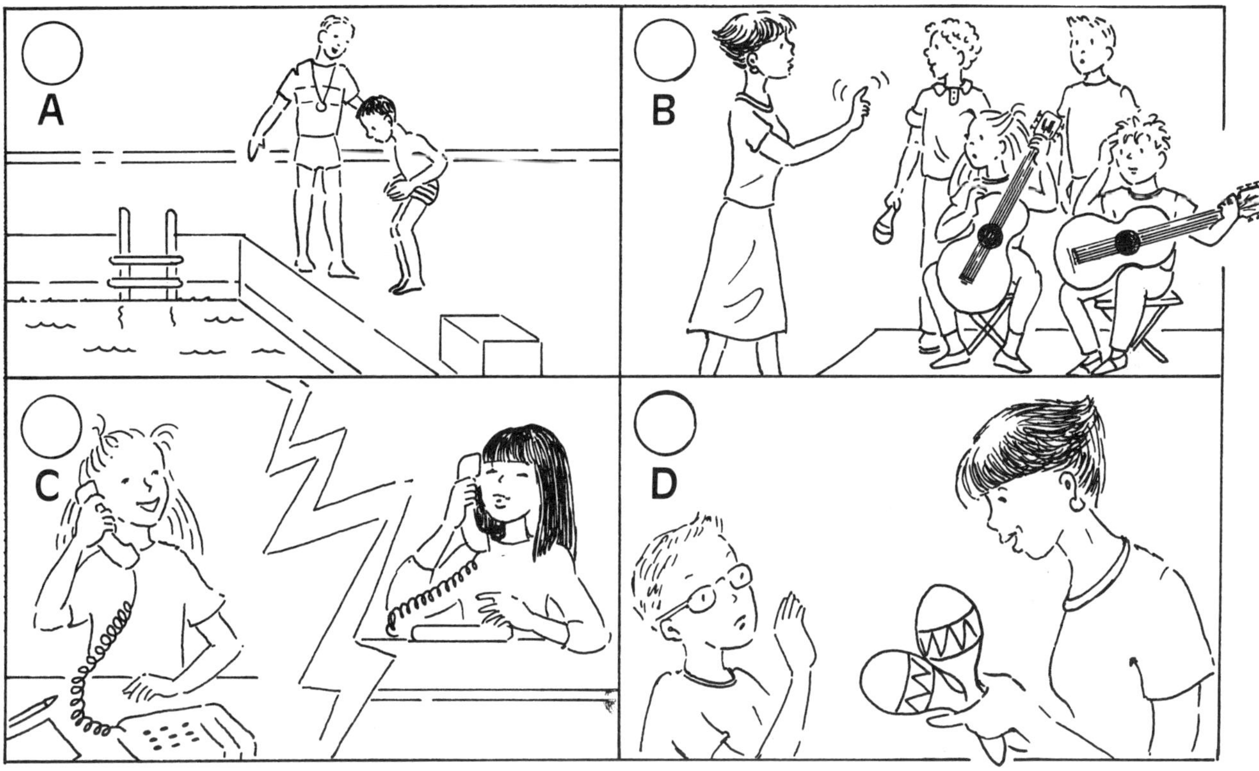

Exercice n° 2

Écoute bien puis écris une affiche qui annonce le spectacle. N'oublie pas de dire où il faut aller, quel jour et à quelle heure.

Exercice n° 3 Avec cinq crayons de couleur, fais des traits pour retrouver les cinq phrases qui sont mélangées. Choisis une couleur par phrase.

Arrêtez de •	• tu veux essayer de jouer de •	• glace au chocolat.
S'il vous plaît •	• jouer à •	• la poupée avec moi ?
Dans les maracas, •	• faire du bruit •	• la flûte ?
Est-ce que •	• je voudrais une •	• qui font du bruit.
Tu veux bien •	• il y a des graines •	• je voudrais travailler.

Exercice n° 4 Qu'est-ce qu'ils font, qu'est-ce qu'ils disent ?